FOREWORD

The collection of "Everything Will Be Okay" travel phrasebooks published by T&P Books is designed for people traveling abroad for tourism and business. The phrasebooks contain what matters most - the essentials for basic communication. This is an indispensable set of phrases to "survive" while abroad.

This phrasebook will help you in most cases where you need to ask something, get directions, find out how much something costs, etc. It can also resolve difficult communication situations where gestures just won't help.

This book contains a lot of phrases that have been grouped according to the most relevant topics. You'll also find a mini dictionary with useful words - numbers, time, calendar, colors...

Take "Everything Will Be Okay" phrasebook with you on the road and you'll have an irreplaceable traveling companion who will help you find your way out of any situation and teach you to not fear speaking with foreigners.

TABLE OF CONTENTS

Pronunciation	5
List of abbreviations	7
English-Spanish phrasebook	9
Mini Dictionary	73

T&P Books Publishing

PRONUNCIATION

Letter	Spanish example	T&P phonetic alphabet	English example
a	grado	[a]	shorter than in ask
e	mermelada	[e]	elm, medal
i	física	[i]	shorter than in feet
o	tomo	[o]	pod, John
u	cubierta	[u]	book
b	baño, volar	[b]	baby, book
β	abeja	[β]	between b and v
d	dicho	[d]	day, doctor
ð	tirada	[ð]	weather, together
f	flauta	[f]	face, food
ʤ	azerbaidzhano	[ʤ]	joke, general
g	gorro	[g]	game, gold
	negro	[ɣ]	between [g] and [h]
j	botella	[j]	yes, New York
k	tabaco	[k]	clock, kiss
l	arqueólogo	[l]	lace, people
ḷ	novela	ḷ	million
m	mosaico	[m]	magic, milk
	confitura	ɱ	nasal [m]
n	camino	[n]	name, normal
ŋ	blanco	[ŋ]	English, ring
p	zapatero	[p]	pencil, private
r	sabroso	[r]	rice, radio
s	asesor	[s]	city, boss
θ	lápiz	[θ]	month, tooth
t	estatua	[t]	tourist, trip
ʧ	lechuza	[ʧ]	church, French
v	Kiev	[v]	very, river
x	dirigir	[x]	as in Scots 'loch'
z	esgrima	[z]	zebra, please
ʃ	sheriff	[ʃ]	machine, shark
w	whisky	[w]	vase, winter

Letter	Spanish example	T&P phonetic alphabet	English example
'	[re'loχ]	'	primary stress
·	[aβre·'lʲatas]	·	interpunct

LIST OF ABBREVIATIONS

English abbreviations

ab.	-	about
adj	-	adjective
adv	-	adverb
anim.	-	animate
as adj	-	attributive noun used as adjective
e.g.	-	for example
etc.	-	et cetera
fam.	-	familiar
fem.	-	feminine
form.	-	formal
inanim.	-	inanimate
masc.	-	masculine
math	-	mathematics
mil.	-	military
n	-	noun
pl	-	plural
pron.	-	pronoun
sb	-	somebody
sing.	-	singular
sth	-	something
v aux	-	auxiliary verb
vi	-	intransitive verb
vi, vt	-	intransitive, transitive verb
vt	-	transitive verb

Spanish abbreviations

adj	-	adjective
adv	-	adverb
f	-	feminine noun
f pl	-	feminine plural
fam.	-	familiar
m	-	masculine noun
m pl	-	masculine plural
m, f	-	masculine, feminine
n	-	neuter

pl	-	plural
v aux	-	auxiliary verb
vi	-	intransitive verb
vi, vt	-	intransitive, transitive verb
vr	-	reflexive verb
vt	-	transitive verb

SPANISH PHRASEBOOK

This section contains important phrases that may come in handy in various real-life situations.
The phrasebook will help you ask for directions, clarify a price, buy tickets, and order food at a restaurant

T&P Books Publishing

PHRASEBOOK CONTENTS

The bare minimum	12
Questions	15
Needs	16
Asking for directions	18
Signs	20
Transportation. General phrases	22
Buying tickets	24
Bus	26
Train	28
On the train. Dialogue (No ticket)	29
Taxi	30
Hotel	32
Restaurant	35
Shopping	37
In town	39
Money	41

Time	43
Greetings. Introductions	45
Farewells	47
Foreign language	49
Apologies	50
Agreement	51
Refusal. Expressing doubt	52
Expressing gratitude	54
Congratulations. Best wishes	55
Socializing	56
Sharing impressions. Emotions	59
Problems. Accidents	61
Health problems	64
At the pharmacy	67
The bare minimum	69

T&P Books Publishing

The bare minimum

Excuse me, ...	**Perdone, ...** [per'ðone, ...]
Hello.	**Hola.** [ola]
Thank you.	**Gracias.** [graθjas]
Good bye.	**Adiós.** [a'ðjos]
Yes.	**Sí.** [si]
No.	**No.** [no]
I don't know.	**No lo sé.** [no lo 'se]
Where? | Where to? | When?	**¿Dónde? | ¿A dónde? | ¿Cuándo?** [donde? | a 'donde? | ku'ando?]
I need ...	**Necesito ...** [neθe'sito ...]
I want ...	**Quiero ...** [kjero ...]
Do you have ...?	**¿Tiene ...?** [tjene ...?]
Is there a ... here?	**¿Hay ... por aquí?** [aj ... por a'ki?]
May I ...?	**¿Puedo ...?** [pu'eðo ...?]
..., please (polite request)	**..., por favor** [..., por fa'βor]
I'm looking for ...	**Busco ...** [busko ...]
the restroom	**el servicio** [elʲ serˈβiθjo]
an ATM	**un cajero** [un ka'xero]
a pharmacy (drugstore)	**una farmacia** [una far'maθja]
a hospital	**el hospital** [elʲ ospi'talʲ]
the police station	**la comisaría** [lʲa komisa'ria]
the subway	**el metro** [elʲ 'metro]

a taxi	**un taxi** [un 'taksi]
the train station	**la estación de tren** [lʲa esta'θjon de tren]

My name is ...	**Me llamo ...** [me 'jamo ...]
What's your name?	**¿Cómo se llama?** [komo se 'jama?]
Could you please help me?	**¿Puede ayudarme, por favor?** [pu'eðe aju'ðarme, por fa'βor?]
I've got a problem.	**Tengo un problema.** [tengo un pro'βlema]
I don't feel well.	**Me encuentro mal.** [me eŋku'entro malʲ]
Call an ambulance!	**¡Llame a la ambulancia!** [jame a la ambu'lanθja!]
May I make a call?	**¿Puedo llamar, por favor?** [pu'eðo ja'mar, por fa'βor?]

I'm sorry.	**Lo siento.** [lo 'sjento]
You're welcome.	**De nada.** [ðe 'naða]

I, me	**Yo** [jo]
you (inform.)	**tú** [tu]
he	**él** [elʲ]
she	**ella** [eja]
they (masc.)	**ellos** [ejos]
they (fem.)	**ellas** [ejas]
we	**nosotros** [no'sotros]
you (pl)	**ustedes | vosotros** [us'teðes | bo'sotros]
you (sg, form.)	**usted** [us'teð]

ENTRANCE	**ENTRADA** [en'traða]
EXIT	**SALIDA** [sa'liða]
OUT OF ORDER	**FUERA DE SERVICIO** [fu'era de ser'βiθjo]
CLOSED	**CERRADO** [θe'raðo]

OPEN	**ABIERTO** [a'βjerto]
FOR WOMEN	**PARA SEÑORAS** [para se'njoras]
FOR MEN	**PARA CABALLEROS** [para kaβa'jeros]

Questions

Where?	**¿Dónde?** [donde?]
Where to?	**¿A dónde?** [a 'donde?]
Where from?	**¿De dónde?** [de 'donde?]
Why?	**¿Por qué?** [por 'ke?]
For what reason?	**¿Con que razón?** [kon ke ra'θon?]
When?	**¿Cuándo?** [ku'ando?]
How long?	**¿Cuánto tiempo?** [ku'anto 'tjempo?]
At what time?	**¿A qué hora?** [a ke 'ora?]
How much?	**¿Cuánto?** [ku'anto?]
Do you have ...?	**¿Tiene ...?** [tjene ...?]
Where is ...?	**¿Dónde está ...?** [donde es'ta ...?]
What time is it?	**¿Qué hora es?** [ke 'ora es?]
May I make a call?	**¿Puedo llamar, por favor?** [pu'eðo ja'mar, por fa'βor?]
Who's there?	**¿Quién es?** [kjen es?]
Can I smoke here?	**¿Se puede fumar aquí?** [se pu'eðe fu'mar a'ki?]
May I ...?	**¿Puedo ...?** [pu'eðo ...?]

Needs

I'd like ...	**Quisiera ...** [ki'sjera ...]
I don't want ...	**No quiero ...** [no 'kjero ...]
I'm thirsty.	**Tengo sed.** [tengo seð]
I want to sleep.	**Tengo sueño.** [tengo su'enjo]

I want ...	**Quiero ...** [kjero ...]
to wash up	**lavarme** [lʲa'βarme]
to brush my teeth	**cepillarme los dientes** [θepiʎ'jarme los 'djentes]
to rest a while	**descansar un poco** [deskan'sar un 'poko]
to change my clothes	**cambiarme de ropa** [kam'bjarme de 'ropa]

to go back to the hotel	**volver al hotel** [bolʲ'βer alʲ o'telʲ]
to buy ...	**comprar ...** [kom'prar ...]
to go to ...	**ir a ...** [ir a ...]
to visit ...	**visitar ...** [bisi'tar ...]
to meet with ...	**quedar con ...** [ke'ðar kon ...]
to make a call	**hacer una llamada** [a'θer un ja'maða]

I'm tired.	**Estoy cansado /cansada/.** [es'toj kan'saðo /kan'saða/]
We are tired.	**Estamos cansados /cansadas/.** [es'tamos kan'saðos /kan'saðas/]
I'm cold.	**Tengo frío.** [tengo 'frio]
I'm hot.	**Tengo calor.** [tengo ka'lor]
I'm OK.	**Estoy bien.** [es'toj bjen]

I need to make a call.	**Tengo que hacer una llamada.** [tengo ke a'θer 'una ja'maða]
I need to go to the restroom.	**Necesito ir al servicio.** [neθe'sito ir alʲ ser'βiθjo]
I have to go.	**Me tengo que ir.** [me 'tengo ke ir]
I have to go now.	**Me tengo que ir ahora.** [me 'tengo ke ir a'ora]

Asking for directions

Excuse me, ...	**Perdone, ...** [per'ðone, ...]
Where is ...?	**¿Dónde está ...?** [donde es'ta ...?]
Which way is ...?	**¿Por dónde está ...?** [por 'donde es'ta ...?]
Could you help me, please?	**¿Puede ayudarme, por favor?** [pu'eðe aju'ðarme, por fa'βor?]
I'm looking for ...	**Busco ...** [busko ...]
I'm looking for the exit.	**Busco la salida.** [busko lʲa sa'liða]
I'm going to ...	**Voy a ...** [boj a ...]
Am I going the right way to ...?	**¿Voy bien para ...?** [boj 'bjen 'para ...?]
Is it far?	**¿Está lejos?** [es'ta 'leχos?]
Can I get there on foot?	**¿Puedo llegar a pie?** [pu'eðo je'ɣar a pje?]
Can you show me on the map?	**¿Puede mostrarme en el mapa?** [pu'eðe mos'trarme en elʲ 'mapa?]
Show me where we are right now.	**Por favor muestreme dónde estamos.** [por fa'βor, mu'estreme 'donde es'tamos]
Here	**Aquí** [a'ki]
There	**Allí** [a'ji]
This way	**Por aquí** [por a'ki]
Turn right.	**Gire a la derecha.** [χire a lʲa de'retʃa]
Turn left.	**Gire a la izquierda.** [χire a lʲa iθ'kjerða]
first (second, third) turn	**la primera (segunda, tercera) calle** [lʲa pri'mera (se'ɣunda, ter'θera) 'kaje]
to the right	**a la derecha** [a lʲa de'retʃa]

to the left	**a la izquierda** [a lʲa iθˈkjerða]
Go straight ahead.	**Siga recto.** [siɣa ˈrekto]

Signs

WELCOME!	**¡BIENVENIDO!** [bjembe'niðo!]
ENTRANCE	**ENTRADA** [en'traða]
EXIT	**SALIDA** [sa'liða]
PUSH	**EMPUJAR** [empu'χar]
PULL	**TIRAR** [ti'rar]
OPEN	**ABIERTO** [a'βjerto]
CLOSED	**CERRADO** [θe'raðo]
FOR WOMEN	**PARA SEÑORAS** [para se'njoras]
FOR MEN	**PARA CABALLEROS** [para kaβa'jeros]
GENTLEMEN, GENTS	**CABALLEROS** [kaβa'jeros]
WOMEN	**SEÑORAS** [se'njoras]
DISCOUNTS	**REBAJAS** [re'βaχas]
SALE	**VENTA** [benta]
FREE	**GRATIS** ['gratis]
NEW!	**¡NUEVO!** [nu'eβo!]
ATTENTION!	**¡ATENCIÓN!** [aten'θjon!]
NO VACANCIES	**COMPLETO** [kom'pleto]
RESERVED	**RESERVADO** [reser'βaðo]
ADMINISTRATION	**ADMINISTRACIÓN** [aðministra'θjon]
STAFF ONLY	**SÓLO PERSONAL AUTORIZADO** [solo perso'nal autori'θaðo]

BEWARE OF THE DOG!	**CUIDADO CON EL PERRO** [kui'ðaðo kon elʲ 'pero]
NO SMOKING!	**NO FUMAR** [no fu'mar]
DO NOT TOUCH!	**NO TOCAR** [no to'kar]
DANGEROUS	**PELIGROSO** [peli'ɣroso]
DANGER	**PELIGRO** [pe'liɣro]
HIGH VOLTAGE	**ALTA TENSIÓN** [alʲta ten'θjon]
NO SWIMMING!	**PROHIBIDO BAÑARSE** [proi'βiðo ba'njarse]

OUT OF ORDER	**FUERA DE SERVICIO** [fu'era de ser'βiθjo]
FLAMMABLE	**INFLAMABLE** [iɱfla'maβle]
FORBIDDEN	**PROHIBIDO** [proi'βiðo]
NO TRESPASSING!	**PROHIBIDO EL PASO** [proi'βiðo elʲ 'paso]
WET PAINT	**RECIÉN PINTADO** [re'θjen pin'taðo]

CLOSED FOR RENOVATIONS	**CERRADO POR RENOVACIÓN** [θe'raðo por renoβa'θjon]
WORKS AHEAD	**EN OBRAS** [en 'oβras]
DETOUR	**DESVÍO** [des'βio]

Transportation. General phrases

plane	**el avión** [elʲ a'βjon]
train	**el tren** [elʲ tren]
bus	**el bus** [elʲ bus]
ferry	**el ferry** [elʲ 'feri]
taxi	**el taxi** [elʲ 'taksi]
car	**el coche** [elʲ 'kotʃe]

schedule	**el horario** [elʲ o'rarjo]
Where can I see the schedule?	**¿Dónde puedo ver el horario?** [donde pu'eðo ber elʲ o'rarjo?]
workdays (weekdays)	**días laborables** [dias laβo'raβles]
weekends	**fines de semana** [fines de se'mana]
holidays	**días festivos** [dias fes'tiβos]

DEPARTURE	**SALIDA** [sa'liða]
ARRIVAL	**LLEGADA** [ʝe'ɣaða]
DELAYED	**RETRASADO** [retra'saðo]
CANCELLED	**CANCELADO** [kanθe'lʲaðo]

next (train, etc.)	**siguiente** [si'ɣjente]
first	**primer** [pri'mer]
last	**último** [ulʲtimo]

When is the next ...?	**¿Cuándo pasa el siguiente ...?** [ku'ando 'pasa elʲ si'ɣjente ...?]
When is the first ...?	**¿Cuándo pasa el primer ...?** [ku'ando 'pasa elʲ pri'mer ...?]

When is the last ...?	**¿Cuándo pasa el último ...?** [ku'ando 'pasa elʲ 'ulʲtimo ...?]
transfer (change of trains, etc.)	**el trasbordo** [elʲ tras'βorðo]
to make a transfer	**hacer un trasbordo** [a'θer un tras'βorðo]
Do I need to make a transfer?	**¿Tengo que hacer un trasbordo?** [tengo ke a'θer un tras'βorðo?]

Buying tickets

Where can I buy tickets? **¿Dónde puedo comprar un billete?**
[donde pu'eðo komp'rar un bi'jete?]

ticket **el billete**
[elʲ bi'jete]

to buy a ticket **comprar un billete**
[kom'prar un bi'jete]

ticket price **precio del billete**
[preθjo delʲ bi'jete]

Where to? **¿Para dónde?**
[para 'donde?]

To what station? **¿A qué estación?**
[a ke esta'θjon?]

I need ... **Necesito ...**
[neθe'sito ...]

one ticket **un billete**
[un bi'jete]

two tickets **dos billetes**
[dos bi'jetes]

three tickets **tres billetes**
[tres bi'jetes]

one-way **sólo ida**
[solo 'iða]

round-trip **ida y vuelta**
[iða i bu'elʲta]

first class **en primera**
[en pri'mera]

second class **en segunda**
[en se'ɣunda]

today **hoy**
[oj]

tomorrow **mañana**
[ma'njana]

the day after tomorrow **pasado mañana**
[pa'saðo ma'njana]

in the morning **por la mañana**
[por lʲa ma'njana]

in the afternoon **por la tarde**
[por lʲa 'tarðe]

in the evening **por la noche**
[por lʲa 'notʃe]

aisle seat	**asiento de pasillo** [a'sjento de pa'sijo]
window seat	**asiento de ventanilla** [a'sjento de benta'nija]
How much?	**¿Cuánto cuesta?** [ku'anto ku'esta?]
Can I pay by credit card?	**¿Puedo pagar con tarjeta?** [pu'eðo pa'ɣar kon tar'xeta?]

Bus

bus	**el autobús** [elʲ auto'βus]
intercity bus	**el autobús interurbano** [elʲ auto'βus interur'βano]
bus stop	**la parada de autobús** [lʲa pa'raða de auto'βus]
Where's the nearest bus stop?	**¿Dónde está la parada de autobuses más cercana?** [donde es'ta lʲa pa'raða de auto'βuses mas θer'kana?]

number (bus ~, etc.)	**número** [numero]
Which bus do I take to get to …?	**¿Qué autobús tengo que tomar para …?** [ke auto'βus 'tengo ke to'mar 'para …?]
Does this bus go to …?	**¿Este autobús va a …?** [este auto'βus 'ba a …?]
How frequent are the buses?	**¿Cada cuanto pasa el autobús?** [kaða ku'anto 'pasa elʲ auto'βus?]

every 15 minutes	**cada quince minutos** [kaða 'kinθe mi'nutos]
every half hour	**cada media hora** [kaða 'meðja 'ora]
every hour	**cada hora** [kaða 'ora]
several times a day	**varias veces al día** [barjas 'beθes alʲ 'dia]
… times a day	**… veces al día** [… 'beθes alʲ 'dia]

schedule	**el horario** [elʲ o'rarjo]
Where can I see the schedule?	**¿Dónde puedo ver el horario?** [donde pu'eðo ber elʲ o'rarjo?]
When is the next bus?	**¿Cuándo pasa el siguiente autobús?** [ku'ando 'pasa elʲ si'ɣjente auto'βus?]
When is the first bus?	**¿Cuándo pasa el primer autobús?** [ku'ando 'pasa elʲ pri'mer auto'βus?]
When is the last bus?	**¿Cuándo pasa el último autobús?** [ku'ando 'pasa elʲ 'ulʲtimo auto'βus?]

stop	**la parada** [ˈlʲa paˈraða]
next stop	**la siguiente parada** [ˈlʲa siˈɣjente paˈraða]
last stop (terminus)	**la última parada** [ˈlʲa ˈulʲtima paˈraða]
Stop here, please.	**Pare aquí, por favor.** [pare aˈki, por faˈβor]
Excuse me, this is my stop.	**Perdone, esta es mi parada.** [perˈðone, ˈesta es mi paˈraða]

Train

train	**el tren** [elʲ tren]
suburban train	**el tren de cercanías** [elʲ tren de θerka'nias]
long-distance train	**el tren de larga distancia** [elʲ tren de 'larɣa dis'tanθja]
train station	**la estación de tren** [lʲa esta'θjon de tren]
Excuse me, where is the exit to the platform?	**Perdone, ¿dónde está la salida al anden?** [per'ðone, 'donde es'ta lʲa sa'liða alʲ 'anden?]

Does this train go to ...?	**¿Este tren va a ...?** [este tren 'ba a ...?]
next train	**el siguiente tren** [elʲ si'ɣjente tren]
When is the next train?	**¿Cuándo pasa el siguiente tren?** [ku'ando 'pasa elʲ si'ɣjente tren?]
Where can I see the schedule?	**¿Dónde puedo ver el horario?** [donde pu'eðo ber elʲ o'rarjo?]
From which platform?	**¿De qué andén?** [ðe ke an'den?]
When does the train arrive in ...?	**¿Cuándo llega el tren a ...?** [ku'ando 'jeɣa elʲ tren a ...?]

Please help me.	**Ayudeme, por favor.** [a'juðeme, por fa'βor]
I'm looking for my seat.	**Busco mi asiento.** [busko mi a'sjento]
We're looking for our seats.	**Buscamos nuestros asientos.** [bus'kamos nu'estros a'sjentos]
My seat is taken.	**Mi asiento está ocupado.** [mi a'sjento es'ta oku'paðo]
Our seats are taken.	**Nuestros asientos están ocupados.** [nu'estros a'sjentos es'tan oku'paðos]

I'm sorry but this is my seat.	**Perdone, pero ese es mi asiento.** [per'ðone, 'pero 'ese es mi a'sjento]
Is this seat taken?	**¿Está libre?** [es'ta 'liβre?]
May I sit here?	**¿Puedo sentarme aquí?** [pu'eðo sen'tarme a'ki?]

On the train. Dialogue (No ticket)

Ticket, please.	**Su billete, por favor.** [su bi'jete, por fa'βor]
I don't have a ticket.	**No tengo billete.** [no 'tengo bi'jete]
I lost my ticket.	**He perdido mi billete.** [e per'ðiðo mi bi'jete]
I forgot my ticket at home.	**He olvidado mi billete en casa.** [e olʲβi'ðaðo mi bi'jete en 'kasa]

You can buy a ticket from me.	**Le puedo vender un billete.** [le pu'eðo ben'der un bi'jete]
You will also have to pay a fine.	**También deberá pagar una multa.** [tam'bjen deβe'ra pa'ɣar 'una 'mulʲta]
Okay.	**Vale.** ['bale]
Where are you going?	**¿Adónde va usted?** [a'ðonde ba us'te?]
I'm going to ...	**Voy a ...** [boj a ...]

How much? I don't understand.	**¿Cuánto es? No lo entiendo.** [ku'anto es? no lʲo en'tjendo]
Write it down, please.	**Escríbalo, por favor.** [es'kriβalo, por fa'βor]
Okay. Can I pay with a credit card?	**Vale. ¿Puedo pagar con tarjeta?** [bale. pu'eðo pa'ɣar kon tar'xeta?]
Yes, you can.	**Sí, puede.** [si, pu'eðe]

Here's your receipt.	**Aquí está su recibo.** [a'ki es'ta su re'θiβo]
Sorry about the fine.	**Disculpe por la multa.** [dis'kulʲpe por lʲa 'mulʲta]
That's okay. It was my fault.	**No pasa nada. Fue culpa mía.** [no 'pasa 'naða. 'fue 'kulʲpa 'mia]
Enjoy your trip.	**Disfrute su viaje.** [dis'frute su 'bjaxe]

Taxi

taxi	**taxi** [ˈtaksi]
taxi driver	**taxista** [taˈksista]
to catch a taxi	**coger un taxi** [koˈxer un ˈtaksi]
taxi stand	**parada de taxi** [paˈraða de ˈtaksi]
Where can I get a taxi?	**¿Dónde puedo coger un taxi?** [donde pu'eðo koˈxer un ˈtaksi?]
to call a taxi	**llamar a un taxi** [jaˈmar a un ˈtaksi]
I need a taxi.	**Necesito un taxi.** [neθeˈsito un ˈtaksi]
Right now.	**Ahora mismo.** [aˈora ˈmismo]
What is your address (location)?	**¿Cuál es su dirección?** [kuˈalʲ es su direkˈθjon?]
My address is ...	**Mi dirección es ...** [mi direkˈθjon es ...]
Your destination?	**¿Cuál es el destino?** [kuˈalʲ es elʲ desˈtino?]
Excuse me, ...	**Perdone, ...** [perˈðone, ...]
Are you available?	**¿Está libre?** [esˈta ˈliβre?]
How much is it to get to ...?	**¿Cuánto cuesta ir a ...?** [kuˈanto kuˈesta ir a ...?]
Do you know where it is?	**¿Sabe usted dónde está?** [saβe usˈte ˈdonde esˈta?]
Airport, please.	**Al aeropuerto, por favor.** [alʲ aeropuˈerto, por faˈβor]
Stop here, please.	**Pare aquí, por favor.** [pare aˈki, por faˈβor]
It's not here.	**No es aquí.** [no es aˈki]
This is the wrong address.	**La dirección no es correcta.** [lʲa direkˈθjon no es koˈrekta]
Turn left.	**Gire a la izquierda.** [xire a lʲa iθˈkjerða]
Turn right.	**Gire a la derecha.** [xire a lʲa deˈretʃa]

How much do I owe you?	**¿Cuánto le debo?** [ku'anto le 'deβo?]
I'd like a receipt, please.	**¿Me da un recibo, por favor?** [me da un re'θiβo, por fa'βor?]
Keep the change.	**Quédese con el cambio.** [keðese kon elʲ 'kambjo]

Would you please wait for me?	**Espéreme, por favor.** [es'pereme, por fa'βor]
five minutes	**cinco minutos** [θiŋko mi'nutos]
ten minutes	**diez minutos** [ðjeθ mi'nutos]
fifteen minutes	**quince minutos** [kinθe mi'nutos]
twenty minutes	**veinte minutos** [bejnte mi'nutos]
half an hour	**media hora** [meðja 'ora]

Hotel

Hello.	**Hola.** [ola]
My name is ...	**Me llamo ...** [me 'jamo ...]
I have a reservation.	**Tengo una reserva.** [tengo 'una re'serβa]
I need ...	**Necesito ...** [neθe'sito ...]
a single room	**una habitación individual** [una aβita'θjon indiβiðu'alʲ]
a double room	**una habitación doble** [una aβita'θjon 'doβle]
How much is that?	**¿Cuánto cuesta?** [ku'anto ku'esta?]
That's a bit expensive.	**Es un poco caro.** [es um 'poko 'karo]
Do you have anything else?	**¿Tiene alguna más?** [tjene alʲ'ɣuna mas?]
I'll take it.	**Me quedo.** [me 'keðo]
I'll pay in cash.	**Pagaré en efectivo.** [paɣa're en efek'tiβo]
I've got a problem.	**Tengo un problema.** [tengo un pro'βlema]
My ... is broken.	**Mi ... no funciona.** [mi ... no fuŋk'θjona]
My ... is out of order.	**Mi ... está fuera de servicio.** [mi ... es'ta fu'era de ser'βiθjo]
TV	**televisión** [teleβi'θjon]
air conditioner	**aire acondicionado** [ajre akondiθjo'naðo]
tap	**grifo** [grifo]
shower	**ducha** [dutʃa]
sink	**lavabo** [lʲa'βaβo]
safe	**caja fuerte** [kaχa fu'erte]

door lock	**cerradura** [θera'ðura]
electrical outlet	**enchufe** [en'tʃufe]
hairdryer	**secador de pelo** [seka'ðor de 'pelo]

I don't have ...	**No tengo ...** [no 'tengo ...]
water	**agua** [aɣua]
light	**luz** [lʲuθ]
electricity	**electricidad** [elektriθi'ðað]

Can you give me ...?	**¿Me puede dar ...?** [me pu'eðe dar ...?]
a towel	**una toalla** [una to'aja]
a blanket	**una sábana** [una 'saβana]
slippers	**chanclas** ['tʃaŋklas]
a robe	**un albornoz** [un alʲ'βornoθ]
shampoo	**champú** [tʃam'pu]
soap	**jabón** [χa'βon]

I'd like to change rooms.	**Quisiera cambiar de habitación.** [ki'sjera kam'bjar de aβita'θjon]
I can't find my key.	**No puedo encontrar mi llave.** [no pu'eðo eŋkon'trar mi 'jaβe]
Could you open my room, please?	**Por favor abra mi habitación.** [por fa'βor 'aβra mi aβita'θjon]
Who's there?	**¿Quién es?** [kjen es?]
Come in!	**¡Entre!** [entre!]
Just a minute!	**¡Un momento!** [un mo'mento!]
Not right now, please.	**Ahora no, por favor.** [a'ora no, por fa'βor]

Come to my room, please.	**Venga a mi habitación, por favor.** [benga a mi aβita'θjon, por fa'βor]
I'd like to order food service.	**Quisiera hacer un pedido.** [ki'sjera a'θer un pe'ðiðo]
My room number is ...	**Mi número de habitación es ...** [min 'numero de aβita'θjon es ...]

I'm leaving ...	**Me voy ...**
	[me boj ...]
We're leaving ...	**Nos vamos ...**
	[nos 'bamos ...]
right now	**Ahora mismo**
	[a'ora 'mismo]
this afternoon	**esta tarde**
	[esta 'tarðe]
tonight	**esta noche**
	[esta 'notʃe]
tomorrow	**mañana**
	[ma'njana]
tomorrow morning	**mañana por la mañana**
	[ma'njana por la ma'njana]
tomorrow evening	**mañana por la noche**
	[ma'njana por la 'notʃe]
the day after tomorrow	**pasado mañana**
	[pa'saðo ma'njana]
I'd like to pay.	**Quisiera pagar la cuenta.**
	[ki'sjera pa'ɣar la ku'enta]
Everything was wonderful.	**Todo ha estado estupendo.**
	[toðo a es'taðo estu'pendo]
Where can I get a taxi?	**¿Dónde puedo coger un taxi?**
	[donde pu'eðo ko'xer un 'taksi?]
Would you call a taxi for me, please?	**¿Puede llamarme un taxi, por favor?**
	[pu'eðe ja'marme un 'taksi, por fa'βor?]

Restaurant

Can I look at the menu, please?	**¿Puedo ver el menú, por favor?** [pu'eðo ber elʲ me'nu, por fa'βor?]
Table for one.	**Mesa para uno.** [mesa 'para 'uno]
There are two (three, four) of us.	**Somos dos (tres, cuatro).** [somos dos (tres, ku'atro)]
Smoking	**Para fumadores** [para fuma'ðores]
No smoking	**Para no fumadores** [para no fuma'ðores]
Excuse me! (addressing a waiter)	**¡Por favor!** [por fa'βor!]
menu	**la carta, el menú** [lʲa 'karta, elʲ me'nu]
wine list	**la carta de vinos** [lʲa 'karta de 'binos]
The menu, please.	**La carta, por favor.** [lʲa 'karta, por fa'βor]
Are you ready to order?	**¿Está listo /lista/ para pedir?** [es'ta 'listo /'lista/ 'para pe'ðir?]
What will you have?	**¿Qué quieren pedir?** [ke 'kjeren pe'ðir?]
I'll have ...	**Yo quiero ...** [jo 'kjero ...]
I'm a vegetarian.	**Soy vegetariano /vegetariana/.** [soj beχeta'rjano /beχeta'rjana/]
meat	**carne** [karne]
fish	**pescado** [pes'kaðo]
vegetables	**verduras** [ber'ðuras]
Do you have vegetarian dishes?	**¿Tiene platos para vegetarianos?** [tjene 'platos 'para beχeta'rjanos?]
I don't eat pork.	**No como cerdo.** [no 'komo 'θerðo]
Band-Aid	**Él /Ella/ no come carne.** [elʲ /'eja/ no 'kome 'karne]
I am allergic to ...	**Soy alérgico /alérgica/ a ...** [soj a'lerχiko /a'lerχika/ a ...]

Would you please bring me ...	¿Me puede traer ..., por favor? [me pu'eðe tra'er, ... por fa'βor?]
salt | pepper | sugar	**sal | pimienta | azúcar** [salʲ | pi'mjentа | a'θukar]
coffee | tea | dessert	**café | té | postre** [ka'fe | te | 'postre]
water | sparkling | plain	**agua | con gas | sin gas** [aɣua | kon gas | sin gas]
a spoon | fork | knife	**una cuchara | un tenedor | un cuchillo** [una ku'ʧara | un tene'ðor | un ku'ʧijo]
a plate | napkin	**un plato | una servilleta** [un 'plato | una serβi'jeta]
Enjoy your meal!	**¡Buen provecho!** [bu'en pro'βeʧo!]
One more, please.	**Uno más, por favor.** [uno mas, por fa'βor]
It was very delicious.	**Estaba delicioso.** [es'taβa deli'θjoso]
check | change | tip	**la cuenta | el cambio | la propina** [lʲa ku'enta | elʲ 'kambio | lʲa pro'pina]
Check, please. (Could I have the check, please?)	**La cuenta, por favor.** [lʲa ku'enta, por fa'βor]
Can I pay by credit card?	**¿Puedo pagar con tarjeta?** [pu'eðo pa'ɣar kon tar'χeta?]
I'm sorry, there's a mistake here.	**Perdone, aquí hay un error.** [per'ðone, a'ki aj un e'ror]

Shopping

Can I help you?	¿Puedo ayudarle? [pu'eðo aju'ðarle?]
Do you have ...?	¿Tiene ...? [tjene ...?]
I'm looking for ...	Busco ... [busko ...]
I need ...	Necesito ... [neθe'sito ...]

I'm just looking.	Sólo estoy mirando. [solo es'toj mi'rando]
We're just looking.	Sólo estamos mirando. [solo es'tamos mi'rando]
I'll come back later.	Volveré más tarde. [bolʲβe're mas 'tarðe]
We'll come back later.	Volveremos más tarde. [bolʲβe'remos mas 'tarðe]
discounts | sale	descuentos | oferta [desku'entos | o'ferta]

Would you please show me ...	Por favor, enséñeme ... [por fa'βor, en'senjeme ...]
Would you please give me ...	¿Me puede dar ..., por favor? [me pu'eðe dar, ... por fa'βor?]
Can I try it on?	¿Puedo probarmelo? [pueðo pro'βarmelo?]
Excuse me, where's the fitting room?	Perdone, ¿dónde están los probadores? [per'ðone, 'donde es'tan los proβa'ðores?]
Which color would you like?	¿Qué color le gustaría? [ke ko'lor le gusta'ria?]
size | length	la talla | el largo [lʲa 'taja | elʲ 'lʲarɣo]
How does it fit?	¿Cómo le queda? [komo le 'keða?]
How much is it?	¿Cuánto cuesta esto? [ku'anto ku'esta 'esto?]
That's too expensive.	Es muy caro. [es muj 'karo]
I'll take it.	Me lo llevo. [me lo 'jeβo]
Excuse me, where do I pay?	Perdone, ¿dónde está la caja? [per'ðone, 'donde es'ta lʲa 'kaχa?]

Will you pay in cash or credit card?	**¿Pagará en efectivo o con tarjeta?** [paɣa'ra en efek'tiβo o kon tar'xeta?]
In cash | with credit card	**en efectivo | con tarjeta** [en efek'tiβo | kon tar'xeta]
Do you want the receipt?	**¿Quiere el recibo?** [kjere elʲ re'θiβo?]
Yes, please.	**Sí, por favor.** [si, por fa'βor]
No, it's OK.	**No, gracias.** [no, 'graθjas]
Thank you. Have a nice day!	**Gracias. ¡Que tenga un buen día!** [graθjas. ke 'tenga un bu'en 'dia!]

In town

Excuse me, ...	**Perdone, por favor.** [per'ðone, por fa'βor]
I'm looking for ...	**Busco ...** [busko ...]
the subway	**el metro** [elʲ 'metro]
my hotel	**mi hotel** [mi o'telʲ]
the movie theater	**el cine** [elʲ 'θine]
a taxi stand	**una parada de taxi** [una pa'raða de 'taksi]
an ATM	**un cajero** [un ka'xero]
a foreign exchange office	**una oficina de cambio** [una ofi'θina de 'kambjo]
an internet café	**un cibercafé** [un 'θiβer·ka'fe]
... street	**la calle ...** [lʲa 'kaje ...]
this place	**este lugar** [este lʲu'ɣar]
Do you know where ... is?	**¿Sabe usted dónde está ...?** [saβe us'te 'donde es'ta ...?]
Which street is this?	**¿Cómo se llama esta calle?** [komo se 'jama 'esta 'kalʲe?]
Show me where we are right now.	**Muestreme dónde estamos ahora.** [mu'estreme 'donde es'tamos a'ora]
Can I get there on foot?	**¿Puedo llegar a pie?** [pu'eðo je'ɣar a pje?]
Do you have a map of the city?	**¿Tiene un mapa de la ciudad?** [tjene un 'mapa de lʲa θju'ðað?]
How much is a ticket to get in?	**¿Cuánto cuesta la entrada?** [ku'anto ku'esta lʲa en'traða?]
Can I take pictures here?	**¿Se pueden hacer fotos aquí?** [se pu'eðen a'θer 'fotos a'ki?]
Are you open?	**¿Está abierto?** [es'ta a'βjerto?]

When do you open?	**¿A qué hora abren?** [a ke 'ora 'aβren?]
When do you close?	**¿A qué hora cierran?** [a ke 'ora 'θjeran?]

Money

money	**dinero** [ðiˈnero]
cash	**efectivo** [efekˈtiβo]
paper money	**billetes** [biˈjetes]
loose change	**monedas** [moˈneðas]
check | change | tip	**la cuenta | el cambio | la propina** [lʲa kuˈenta | elʲ ˈkambio | lʲa proˈpina]
credit card	**la tarjeta de crédito** [lʲa tarˈxeta de ˈkreðito]
wallet	**la cartera** [lʲa karˈtera]
to buy	**comprar** [komˈprar]
to pay	**pagar** [paˈɣar]
fine	**la multa** [lʲa ˈmulʲta]
free	**gratis** [ˈgratis]
Where can I buy ...?	**¿Dónde puedo comprar ...?** [donde puˈeðo komˈprar ...?]
Is the bank open now?	**¿Está el banco abierto ahora?** [esˈta elʲ ˈbaŋko aˈβjerta aˈora?]
When does it open?	**¿A qué hora abre?** [a ke ˈora ˈaβre?]
When does it close?	**¿A qué hora cierra?** [a ke ˈora ˈθjera?]
How much?	**¿Cuánto cuesta?** [kuˈanto kuˈesta?]
How much is this?	**¿Cuánto cuesta esto?** [kuˈanto kuˈesta ˈesto?]
That's too expensive.	**Es muy caro.** [es muj ˈkaro]
Excuse me, where do I pay?	**Perdone, ¿dónde está la caja?** [perˈðone, ˈdonde esˈta lʲa ˈkaxa?]
Check, please.	**La cuenta, por favor.** [lʲa kuˈenta, por faˈβor]

Can I pay by credit card?	**¿Puedo pagar con tarjeta?** [pu'eðo pa'ɣar kon tar'χeta?]
Is there an ATM here?	**¿Hay un cajero por aquí?** [aj un ka'χero por a'ki?]
I'm looking for an ATM.	**Busco un cajero automático.** [nese'sito un ka'χero auto'matiko]
I'm looking for a foreign exchange office.	**Busco una oficina de cambio.** [busko 'una ofi'θina de 'kambjo]
I'd like to change ...	**Quisiera cambiar ...** [ki'sjera kam'bjar ...]
What is the exchange rate?	**¿Cuál es el tipo de cambio?** [ku'alʲ es elʲ 'tipo de 'kambjo?]
Do you need my passport?	**¿Necesita mi pasaporte?** [neθe'sita mi pasa'porte?]

Time

What time is it?   ¿**Qué hora es?**
[ke 'ora es?]

When?   ¿**Cuándo?**
[ku'ando?]

At what time?   ¿**A qué hora?**
[a ke 'ora?]

now | later | after ...   **ahora | luego | después de ...**
[a'ora | lʲu'eɣo | despu'es de ...]

one o'clock   **la una**
[lʲa 'una]

one fifteen   **la una y cuarto**
[lʲa 'una i ku'arto]

one thirty   **la una y medio**
[lʲa 'una i 'meðjo]

one forty-five   **las dos menos cuarto**
[lʲa dos 'menos ku'arto]

one | two | three   **una | dos | tres**
[una | dos | tres]

four | five | six   **cuatro | cinco | seis**
[ku'atro | 'θiŋko | 'seis]

seven | eight | nine   **siete | ocho | nueve**
[sjete | 'otʃo | nu'eβe]

ten | eleven | twelve   **diez | once | doce**
[djeθ | 'onθe | 'doθe]

in ...   **en ...**
[en ...]

five minutes   **cinco minutos**
[θiŋko mi'nutos]

ten minutes   **diez minutos**
[ðjeθ mi'nutos]

fifteen minutes   **quince minutos**
[kinθe mi'nutos]

twenty minutes   **veinte minutos**
[bejnte mi'nutos]

half an hour   **media hora**
[meðja 'ora]

an hour   **una hora**
[una 'ora]

in the morning	**por la mañana** [por lʲa ma'njana]
early in the morning	**por la mañana temprano** [por lʲa ma'njana tem'prano]
this morning	**esta mañana** [esta ma'njana]
tomorrow morning	**mañana por la mañana** [ma'njana por lʲa ma'njana]
in the middle of the day	**al mediodía** [alʲ meðjo'ðia]
in the afternoon	**por la tarde** [por lʲa 'tarðe]
in the evening	**por la noche** [por lʲa 'notʃe]
tonight	**esta noche** [esta 'notʃe]
at night	**por la noche** [por lʲa 'notʃe]
yesterday	**ayer** [a'jer]
today	**hoy** [oj]
tomorrow	**mañana** [ma'njana]
the day after tomorrow	**pasado mañana** [pa'saðo ma'njana]
What day is it today?	**¿Qué día es hoy?** [ke 'dia es oj?]
It's ...	**Es ...** [es ...]
Monday	**lunes** [lʲunes]
Tuesday	**martes** [martes]
Wednesday	**miércoles** [mjerkoles]
Thursday	**jueves** [χu'eβes]
Friday	**viernes** [bjernes]
Saturday	**sábado** [saβaðo]
Sunday	**domingo** [do'mingo]

Greetings. Introductions

Hello. **Hola.**
[ola]

Pleased to meet you. **Encantado /Encantada/ de conocerle.**
[eŋkan'taðo /eŋkan'taða/ de kono'θerle]

Me too. **Yo también.**
[jo tam'bjen]

I'd like you to meet ... **Le presento a ...**
[le pre'sento a ...]

Nice to meet you. **Encantado /Encantada/.**
[eŋkan'taðo /eŋkan'taða/]

How are you? **¿Cómo está?**
[komo es'ta?]

My name is ... **Me llamo ...**
[me 'jamo ...]

His name is ... **Se llama ...**
[se 'jama ...]

Her name is ... **Se llama ...**
[se 'jama ...]

What's your name? **¿Cómo se llama?**
[komo se 'jama?]

What's his name? **¿Cómo se llama?**
[komo se 'jama?]

What's her name? **¿Cómo se llama?**
[komo se 'jama?]

What's your last name? **¿Cuál es su apellido?**
[ku'alʲ es su ape'jiðo?]

You can call me ... **Puede llamarme ...**
[pu'eðo ja'marme ...]

Where are you from? **¿De dónde es usted?**
[de 'donde es us'te?]

I'm from ... **Yo soy de ....**
[jo soj de ...]

What do you do for a living? **¿A qué se dedica?**
[a ke se de'ðika?]

Who is this? **¿Quién es?**
[kjen es?]

Who is he? **¿Quién es él?**
[kjen es elʲ?]

Who is she? **¿Quién es ella?**
[kjen es 'eja?]

Who are they? **¿Quiénes son?**
[kjenes son?]

This is ...	**Este /Esta/ es ...** [este /'esta/ es ...]
my friend (masc.)	**mi amigo** [mi a'miɣo]
my friend (fem.)	**mi amiga** [mi a'miɣa]
my husband	**mi marido** [mi ma'riðo]
my wife	**mi mujer** [mi mu'χer]
my father	**mi padre** [mi 'paðre]
my mother	**mi madre** [mi 'maðre]
my brother	**mi hermano** [mi er'mano]
my sister	**mi hermana** [mi er'mana]
my son	**mi hijo** [mi 'iχo]
my daughter	**mi hija** [mi 'iχa]
This is our son.	**Este es nuestro hijo.** [este es nu'estro 'iχo]
This is our daughter.	**Esta es nuestra hija.** [esta es nu'estra 'iχa]
These are my children.	**Estos son mis hijos.** [estos son mis 'iχos]
These are our children.	**Estos son nuestros hijos.** [estos son nu'estros 'iχos]

Farewells

Good bye!	**¡Adiós!** [a'ðjos!]
Bye! (inform.)	**¡Chau!** ['tʃau!]
See you tomorrow.	**Hasta mañana.** [asta ma'njana]
See you soon.	**Hasta pronto.** [asta 'pronto]
See you at seven.	**Te veo a las siete.** [te 'beo a las 'sjete]
Have fun!	**¡Que se diviertan!** [ke se di'βjertan!]
Talk to you later.	**Hablamos más tarde.** [a'βlamos mas 'tarðe]
Have a nice weekend.	**Que tengas un buen fin de semana.** [ke 'tengas un bu'en fin de se'mana]
Good night.	**Buenas noches.** [bu'enas 'notʃes]
It's time for me to go.	**Es hora de irme.** [es 'ora de 'irme]
I have to go.	**Tengo que irme.** [tengo ke 'irme]
I will be right back.	**Ahora vuelvo.** [a'ora bu'elʲβo]
It's late.	**Es tarde.** [es 'tarðe]
I have to get up early.	**Tengo que levantarme temprano.** [tengo ke leβan'tarme tem'prano]
I'm leaving tomorrow.	**Me voy mañana.** [me boj ma'njana]
We're leaving tomorrow.	**Nos vamos mañana.** [nos 'bamos ma'njana]
Have a nice trip!	**¡Que tenga un buen viaje!** [ke 'tenga un bu'en 'bjaχe!]
It was nice meeting you.	**Ha sido un placer.** [a 'siðo um pla'θer]
It was nice talking to you.	**Fue un placer hablar con usted.** [fue un pla'θer a'βlar kon us'te]
Thanks for everything.	**Gracias por todo.** [graθjas por 'toðo]

I had a very good time.	**Lo he pasado muy bien.** [lo e pa'saðo muj bjen]
We had a very good time.	**Lo pasamos muy bien.** [lo pa'samos muj bjen]
It was really great.	**Fue genial.** [fue χe'njalʲ]
I'm going to miss you.	**Le voy a echar de menos.** [le boj a e'ʧar de 'menos]
We're going to miss you.	**Le vamos a echar de menos.** [le 'bamos a e'ʧar de 'menos]
Good luck!	**¡Suerte!** [su'erte!]
Say hi to …	**Saludos a …** [salʲu'ðos a …]

Foreign language

I don't understand.	**No entiendo.** [no en'tjendo]
Write it down, please.	**Escríbalo, por favor.** [es'kriβalo, por fa'βor]
Do you speak ...?	**¿Habla usted ...?** [aβla us'te ...?]

I speak a little bit of ...	**Hablo un poco de ...** [aβlo um 'poko de ...]
English	**inglés** [in'gles]
Turkish	**turco** [turko]
Arabic	**árabe** [araβe]
French	**francés** [fran'θes]

German	**alemán** [ale'man]
Italian	**italiano** [ita'ljano]
Spanish	**español** [espa'njol]
Portuguese	**portugués** [portu'ɣes]
Chinese	**chino** [tʃino]
Japanese	**japonés** [χapo'nes]

Can you repeat that, please.	**¿Puede repetirlo, por favor?** [pu'eðe repe'tirlo, por fa'βor?]
I understand.	**Lo entiendo.** [lo en'tjendo]
I don't understand.	**No entiendo.** [no en'tjendo]
Please speak more slowly.	**Hable más despacio, por favor.** [aβle mas des'paθjo, por fa'βor]

Is that correct? (Am I saying it right?)	**¿Está bien?** [es'ta bjen?]
What is this? (What does this mean?)	**¿Qué es esto?** [ke es 'esto?]

Apologies

Excuse me, please.	**Perdone, por favor.** [per'ðone, por fa'βor]
I'm sorry.	**Lo siento.** [lo 'sjento]
I'm really sorry.	**Lo siento mucho.** [lo 'sjento 'mutʃo]
Sorry, it's my fault.	**Perdón, fue culpa mía.** [per'ðon, 'fue 'kulʲpa 'mia]
My mistake.	**Culpa mía.** [kulʲpa 'mia]
May I ...?	**¿Puedo ...?** [pu'eðo ...?]
Do you mind if I ...?	**¿Le molesta si ...?** [le mo'lesta si ...?]
It's OK.	**¡No hay problema!** [no aj pro'βlema]
It's all right.	**Todo está bien.** [toðo es'ta bjen]
Don't worry about it.	**No se preocupe.** [no se preo'kupe]

Agreement

Yes.	**Sí.** [si]
Yes, sure.	**Sí, claro.** [si, 'klaro]
OK (Good!)	**Bien.** [bjen]
Very well.	**Muy bien.** [muj bjen]
Certainly!	**¡Claro que sí!** [klaro ke 'si!]
I agree.	**Estoy de acuerdo.** [es'toj de aku'erðo]
That's correct.	**Es verdad.** [es ber'ðað]
That's right.	**Es correcto.** [es ko'rekto]
You're right.	**Tiene razón.** [tjene ra'θon]
I don't mind.	**No me molesta.** [no me mo'lesta]
Absolutely right.	**Es completamente cierto.** [es kompleta'mente 'θjerto]
It's possible.	**Es posible.** [es po'siβle]
That's a good idea.	**Es una buena idea.** [es 'una bu'ena i'ðea]
I can't say no.	**No puedo decir que no.** [no pu'eðo deθ'ir ke no]
I'd be happy to.	**Estaré encantado /encantada/.** [esta're eŋkan'taðo /eŋkan'taða/]
With pleasure.	**Será un placer.** [se'ra un pla'θer]

Refusal. Expressing doubt

No.	**No.** [no]
Certainly not.	**Claro que no.** [klʲaro ke no]
I don't agree.	**No estoy de acuerdo.** [no esˈtoj de akuˈerðo]
I don't think so.	**No lo creo.** [no lo ˈkreo]
It's not true.	**No es verdad.** [no es berˈðað]
You are wrong.	**No tiene razón.** [no ˈtjene raˈθon]
I think you are wrong.	**Creo que no tiene razón.** [kreo ke no ˈtjene raˈθon]
I'm not sure.	**No estoy seguro /segura/.** [no esˈtoj seˈɣuro /seˈɣura/]
It's impossible.	**No es posible.** [no es poˈsiβle]
Nothing of the kind (sort)!	**¡Nada de eso!** [naða de ˈeso!]
The exact opposite.	**Justo lo contrario.** [χusto lo konˈtrarjo!]
I'm against it.	**Estoy en contra.** [esˈtoj en ˈkontra]
I don't care.	**No me importa.** [no me imˈporta]
I have no idea.	**No tengo ni idea.** [no ˈtengo ni iˈðea]
I doubt it.	**Dudo que sea así.** [duðo ke ˈsea aˈsi]
Sorry, I can't.	**Lo siento, no puedo.** [lo ˈsjento, no puˈeðo]
Sorry, I don't want to.	**Lo siento, no quiero.** [lo ˈsjento, no ˈkjero]
Thank you, but I don't need this.	**Gracias, pero no lo necesito.** [graθjas, ˈpero no lo neθeˈsito]
It's getting late.	**Ya es tarde.** [ja es ˈtarðe]

I have to get up early.	**Tengo que levantarme temprano.** [tengo ke leβan'tarme tem'prano]
I don't feel well.	**Me encuentro mal.** [me eŋku'entro malʲ]

Expressing gratitude

Thank you. — **Gracias.** [graθjas]

Thank you very much. — **Muchas gracias.** [muʧas 'graθjas]

I really appreciate it. — **De verdad lo aprecio.** [ðe ber'ðað lo a'preθjo]

I'm really grateful to you. — **Se lo agradezco.** [se lo aɣra'ðeθko]

We are really grateful to you. — **Se lo agradecemos.** [se lo aɣraðe'θemos]

Thank you for your time. — **Gracias por su tiempo.** [graθjas por su 'tjempo]

Thanks for everything. — **Gracias por todo.** [graθjas por 'toðo]

Thank you for ... — **Gracias por ...** [graθjas por ...]

your help — **su ayuda** [su a'juða]

a nice time — **tan agradable momento** [tan aɣra'ðaβle mo'mento]

a wonderful meal — **una comida estupenda** [una ko'miða estu'penda]

a pleasant evening — **una velada tan agradable** [una be'laða tan aɣra'ðaβle]

a wonderful day — **un día maravilloso** [un 'dia maraβi'joso]

an amazing journey — **un viaje increíble** [un 'bjaχe iŋkre'iβle]

Don't mention it. — **No hay de qué.** [no aj de 'ke]

You are welcome. — **De nada.** [ðe 'naða]

Any time. — **Siempre a su disposición.** [sjempre a su dispozi'θjon]

My pleasure. — **Encantado /Encantada/ de ayudarle.** [eŋkan'taðo /eŋkan'taða/ de aju'ðarle]

Forget it. — **No hay de qué.** [no aj de 'ke]

Don't worry about it. — **No tiene importancia.** [no 'tjene impor'tanθja]

Congratulations. Best wishes

Congratulations!	**¡Felicidades!** [feliθi'ðaðes!]
Happy birthday!	**¡Feliz Cumpleaños!** [fe'liθ kumple'anjos!]
Merry Christmas!	**¡Feliz Navidad!** [fe'liθ naβi'ðað!]
Happy New Year!	**¡Feliz Año Nuevo!** [fe'liθ 'anjo nu'eβo!]
Happy Easter!	**¡Felices Pascuas!** [fe'liθes 'paskuas!]
Happy Hanukkah!	**¡Feliz Janucá!** [fe'liθ χanu'ka!]
I'd like to propose a toast.	**Quiero brindar.** [kjero brin'dar]
Cheers!	**¡Salud!** [sa'lʲuð]
Let's drink to …!	**¡Brindemos por …!** [brin'demos por …!]
To our success!	**¡A nuestro éxito!** [a nu'estro 'eksito!]
To your success!	**¡A su éxito!** [a su 'eksito!]
Good luck!	**¡Suerte!** [su'erte!]
Have a nice day!	**¡Que tenga un buen día!** [ke 'tenga un bu'en 'dia!]
Have a good holiday!	**¡Que tenga unas buenas vacaciones!** [ke 'tengas 'unas bu'enas baka'θjones!]
Have a safe journey!	**¡Que tenga un buen viaje!** [ke 'tenga un bu'en 'bjaχe!]
I hope you get better soon!	**¡Espero que se recupere pronto!** [es'pero ke se reku'pere 'pronto!]

Socializing

Why are you sad?	**¿Por qué está triste?** [por 'ke es'ta 'triste?]
Smile! Cheer up!	**¡Sonría! ¡Anímese!** [son'ria! a'nimese!]
Are you free tonight?	**¿Está libre esta noche?** [es'ta 'liβre 'esta 'notʃe?]
May I offer you a drink?	**¿Puedo ofrecerle algo de beber?** [pu'eðo ofre'θerle 'alʲɣo de be'βer?]
Would you like to dance?	**¿Querría bailar conmigo?** [ker'ia baj'lar kon'miɣo?]
Let's go to the movies.	**Vamos a ir al cine.** [bamos a ir alʲ θ'ine]
May I invite you to …?	**¿Puedo invitarle a …?** [pu'eðo imbi'tarle a …?]
a restaurant	**un restaurante** [un restau'rante]
the movies	**el cine** [elʲ 'θine]
the theater	**el teatro** [elʲ te'atro]
go for a walk	**dar una vuelta** [ðar 'una bu'elʲta]
At what time?	**¿A qué hora?** [a ke 'ora?]
tonight	**esta noche** [esta 'notʃe]
at six	**a las seis** [a las 'seis]
at seven	**a las siete** [a las 'sjete]
at eight	**a las ocho** [a las 'otʃo]
at nine	**a las nueve** [a las nu'eβe]
Do you like it here?	**¿Le gusta este lugar?** [le 'gusta 'este lʲu'ɣar?]
Are you here with someone?	**¿Está aquí con alguien?** [es'ta a'ki kon 'alʲɣjen?]
I'm with my friend.	**Estoy con mi amigo /amiga/.** [es'toj kon mi a'miɣo /a'miɣa/]

I'm with my friends.	**Estoy con amigos.** [es'toj kon a'miɣos]
No, I'm alone.	**No, estoy solo /sola/.** [no, es'toj 'solo /'sola/]

Do you have a boyfriend?	**¿Tienes novio?** [tjenes 'noβjo?]
I have a boyfriend.	**Tengo novio.** [tengo 'noβjo]
Do you have a girlfriend?	**¿Tienes novia?** [tjenes 'noβja?]
I have a girlfriend.	**Tengo novia.** [tengo 'noβja]

Can I see you again?	**¿Te puedo volver a ver?** [te pu'eðo bolʲβ'er a ber?]
Can I call you?	**¿Te puedo llamar?** [te pu'eðo ja'mar?]
Call me. (Give me a call.)	**Llámame.** [jamame]
What's your number?	**¿Cuál es tu número?** [ku'alʲ es tu 'numero?]
I miss you.	**Te echo de menos.** [te 'etʃo de 'menos]

You have a beautiful name.	**¡Qué nombre tan bonito!** [ke 'nombre tan bo'nito]
I love you.	**Te quiero.** [te 'kjero]
Will you marry me?	**¿Te casarías conmigo?** [te kasa'rias kon'miɣo?]
You're kidding!	**¡Está de broma!** [es'ta de 'broma!]
I'm just kidding.	**Sólo estoy bromeando.** [solo es'toj brome'ando]

Are you serious?	**¿En serio?** [en 'serjo?]
I'm serious.	**Lo digo en serio.** [lo 'diɣo en 'serjo]
Really?!	**¿De verdad?** [ðe ber'ðað?]
It's unbelievable!	**¡Es increíble!** [es iŋkre'iβle!]
I don't believe you.	**No le creo.** [no le 'kreo]
I can't.	**No puedo.** [no pu'eðo]
I don't know.	**No lo sé.** [no lo 'se]
I don't understand you.	**No le entiendo.** [no le en'tjendo]

Please go away.	**Váyase, por favor.** [baȷase, por fa'βor]
Leave me alone!	**¡Déjeme en paz!** [ðeχeme en paθ!]
I can't stand him.	**Es inaguantable.** [es inaɣuan'taβle]
You are disgusting!	**¡Es un asqueroso!** [es un aske'roso!]
I'll call the police!	**¡Llamaré a la policía!** [ȷama're a lʲa poli'sia!]

Sharing impressions. Emotions

I like it.	**Me gusta.** [me 'gusta]
Very nice.	**Muy lindo.** [muj 'lindo]
That's great!	**¡Es genial!** [es xe'njalʲ!]
It's not bad.	**No está mal.** [no es'ta malʲ]

I don't like it.	**No me gusta.** [no me 'gusta]
It's not good.	**No está bien.** [no es'ta bjen]
It's bad.	**Está mal.** [es'ta malʲ]
It's very bad.	**Está muy mal.** [es'ta muj malʲ]
It's disgusting.	**¡Qué asco!** [ke 'asko]

I'm happy.	**Estoy feliz.** [es'toj fe'liθ]
I'm content.	**Estoy contento /contenta/.** [es'toj kon'tento /kon'tenta/]
I'm in love.	**Estoy enamorado /enamorada/.** [es'toj enamo'raðo /enamo'raða/]
I'm calm.	**Estoy tranquilo /tranquila/.** [es'toj traŋ'kilo /traŋ'kila/]
I'm bored.	**Estoy aburrido /aburrida/.** [es'toj aβu'riðo /aβu'riða/]

I'm tired.	**Estoy cansado /cansada/.** [es'toj kan'saðo /kan'saða/]
I'm sad.	**Estoy triste.** [es'toj 'triste]

I'm frightened.	**Estoy asustado /asustada/.** [es'toj asus'taðo /asus'taða/]
I'm angry.	**Estoy enfadado /enfadada/.** [es'toj eɱfa'ðaðo /eɱfa'ðaða/]
I'm worried.	**Estoy preocupado /preocupada/.** [es'toj preoku'paðo /preoku'paða/]
I'm nervous.	**Estoy nervioso /nerviosa/.** [es'toj ner'βjoθo /ner'βjoθa/]

I'm jealous. (envious)	**Estoy celoso /celosa/.** [es'toj θe'loθo /θe'loθa/]
I'm surprised.	**Estoy sorprendido /sorprendida/.** [es'toj sorpren'diðo /sorpren'diða/]
I'm perplexed.	**Estoy perplejo /perpleja/.** [es'toj per'pleχo /per'pleχa/]

Problems. Accidents

I've got a problem.	**Tengo un problema.** [tengo un pro'βlema]
We've got a problem.	**Tenemos un problema.** [te'nemos un pro'βlema]
I'm lost.	**Estoy perdido /perdida/.** [es'toj per'ðiðo /per'ðiða/]
I missed the last bus (train).	**Perdi el último autobús (tren).** [perði elʲ 'ulʲtimo auto'βus (tren)]
I don't have any money left.	**No me queda más dinero.** [no me 'keða mas di'nero]

I've lost my ...	**He perdido ...** [e per'ðiðo ...]
Someone stole my ...	**Me han robado ...** [me an ro'βaðo ...]
passport	**mi pasaporte** [mi pasa'porte]
wallet	**mi cartera** [mi kar'tera]
papers	**mis papeles** [mis pa'peles]
ticket	**mi billete** [mi bi'jete]

money	**mi dinero** [mi di'nero]
handbag	**mi bolso** [mi 'bolʲso]
camera	**mi cámara** [mi 'kamara]
laptop	**mi portátil** [mi por'tatilʲ]
tablet computer	**mi tableta** [mi ta'βleta]
mobile phone	**mi teléfono** [mi te'lefono]

Help me!	**¡Ayúdeme!** [a'juðeme!]
What's happened?	**¿Qué pasó?** [ke pa'so?]
fire	**el incendio** [elʲ in'θendjo]

shooting	**un tiroteo** [un tiro'teo]
murder	**el asesinato** [elʲ asesi'nato]
explosion	**una explosión** [una eksloʲsjon]
fight	**una pelea** [una pe'lea]

Call the police!	**¡Llame a la policía!** [jame a lʲa poli'sia!]
Please hurry up!	**¡Más rápido, por favor!** [mas 'rapiðo, por fa'βor!]
I'm looking for the police station.	**Busco la comisaría.** [busko lʲa komisa'ria]
I need to make a call.	**Tengo que hacer una llamada.** [tengo ke a'θer 'una ja'maða]
May I use your phone?	**¿Puedo usar su teléfono?** [pu'eðo u'sar su te'lefono?]

I've been …	**Me han …** [me an …]
mugged	**asaltado /asaltada/** [asalʲ'taðo /asalʲ'taða/]
robbed	**robado /robada/** [ro'βaðo /ro'βaða/]
raped	**violada** [bio'laða]
attacked (beaten up)	**atacado /atacada/** [ata'kaðo /ata'kaða/]

Are you all right?	**¿Se encuentra bien?** [se eŋku'entra bjen?]
Did you see who it was?	**¿Ha visto quien a sido?** [a 'bisto kjen a 'siðo?]
Would you be able to recognize the person?	**¿Sería capaz de reconocer a la persona?** [se'ria ka'paθ de rekono'θer a lʲa per'sona?]
Are you sure?	**¿Está usted seguro?** [es'ta us'te se'ɣuro?]

Please calm down.	**Por favor, cálmese.** [por fa'βor, 'kalʲmese]
Take it easy!	**¡Cálmese!** [kalʲmese!]
Don't worry!	**¡No se preocupe!** [no se preo'kupe!]
Everything will be fine.	**Todo irá bien.** [toðo i'ra bjen]
Everything's all right.	**Todo está bien.** [toðo es'ta bjen]

Come here, please.	**Venga aquí, por favor.** [benga a'ki, por fa'βor]
I have some questions for you.	**Tengo unas preguntas para usted.** [tengo 'unas pre'ɣuntas 'para us'te]
Wait a moment, please.	**Espere un momento, por favor.** [es'pere un mo'mento, por fa'βor]
Do you have any I.D.?	**¿Tiene un documento de identidad?** [tjene un doku'mento de iðenti'ðað?]
Thanks. You can leave now.	**Gracias. Puede irse ahora.** [graθjas. pu'eðe 'irse a'ora]
Hands behind your head!	**¡Manos detrás de la cabeza!** [manos de'tras de lʲa ka'βeθa!]
You're under arrest!	**¡Está arrestado /arrestada/!** [es'ta ares'taðo /ares'taða/!]

Health problems

Please help me. **Ayudeme, por favor.**
[a'juðeme, por fa'βor]

I don't feel well. **No me encuentro bien.**
[no me eŋku'entro bjen]

My husband doesn't feel well. **Mi marido no se encuentra bien.**
[mi ma'riðo no se eŋku'entra bjen]

My son ... **Mi hijo ...**
[mi 'iχo ...]

My father ... **Mi padre ...**
[mi 'paðre ...]

My wife doesn't feel well. **Mi mujer no se encuentra bien.**
[mi mu'χer no se eŋku'entra bjen]

My daughter ... **Mi hija ...**
[mi 'iχa ...]

My mother ... **Mi madre ...**
[mi 'maðre ...]

I've got a ... **Me duele ...**
[me du'ele ...]

headache **la cabeza**
[lʲa ka'βeθa]

sore throat **la garganta**
[lʲa gar'ɣanta]

stomach ache **el estómago**
[elʲ es'tomaɣo]

toothache **un diente**
[un 'djente]

I feel dizzy. **Estoy mareado.**
[es'toj mare'aðo]

He has a fever. **Él tiene fiebre.**
[elʲ 'tjene 'fjeβre]

She has a fever. **Ella tiene fiebre.**
[eja 'tjene 'fjeβre]

I can't breathe. **No puedo respirar.**
[no pu'eðo respi'rar]

I'm short of breath. **Me ahogo.**
[me a'oɣo]

I am asthmatic. **Tengo asma.**
[tengo 'asma]

I am diabetic. **Tengo diabetes.**
[tengo dja'βetes]

I can't sleep.	**No puedo dormir.** [no pu'eðo dor'mir]
food poisoning	**intoxicación alimentaria** [intoksika'θjon alimen'tarja]

It hurts here.	**Me duele aquí.** [me du'ele a'ki]
Help me!	**¡Ayúdeme!** [a'juðeme!]
I am here!	**¡Estoy aquí!** [es'toj a'ki!]
We are here!	**¡Estamos aquí!** [es'tamos a'ki!]
Get me out of here!	**¡Saquenme de aquí!** [sa'kenme de a'ki!]
I need a doctor.	**Necesito un médico.** [neθe'sito un 'meðiko]
I can't move.	**No me puedo mover.** [no me pu'eðo mo'βer]
I can't move my legs.	**No puedo mover mis piernas.** [no pu'eðo mo'βer mis 'pjernas]

I have a wound.	**Tengo una herida.** [tengo 'una e'riða]
Is it serious?	**¿Es grave?** [es 'graβe?]
My documents are in my pocket.	**Mis documentos están en mi bolsillo.** [mis doku'mentos es'tan en mi bol'sijo]
Calm down!	**¡Cálmese!** [kalʲmese!]
May I use your phone?	**¿Puedo usar su teléfono?** [pu'eðo u'sar su te'lefono?]

Call an ambulance!	**¡Llame a la ambulancia!** [jame a la ambu'lanθja!]
It's urgent!	**¡Es urgente!** [es ur'xente!]
It's an emergency!	**¡Es una emergencia!** [es 'una emer'xenθja!]
Please hurry up!	**¡Más rápido, por favor!** [mas 'rapiðo, por fa'βor!]
Would you please call a doctor?	**¿Puede llamar a un médico, por favor?** [pu'eðe ja'mar a un 'meðiko, por fa'βor?]
Where is the hospital?	**¿Dónde está el hospital?** [donde es'ta elʲ ospi'talʲ?]

How are you feeling?	**¿Cómo se siente?** [komo se 'sjente?]
Are you all right?	**¿Se encuentra bien?** [se eŋku'entra bjen?]

What's happened?	**¿Qué pasó?** [ke pa'so?]
I feel better now.	**Me encuentro mejor.** [me eŋku'entro me'xor]
It's OK.	**Está bien.** [es'ta bjen]
It's all right.	**Todo está bien.** [toðo es'ta bjen]

At the pharmacy

pharmacy (drugstore)	**la farmacia** [lʲa farˈmaθja]
24-hour pharmacy	**la farmacia 24 (veinte cuatro) horas** [lʲa farˈmaθja ˈbejnte kuˈatro ˈoras]
Where is the closest pharmacy?	**¿Dónde está la farmacia más cercana?** [donde esˈta lʲa farˈmaθja mas θerˈkana?]
Is it open now?	**¿Está abierta ahora?** [esˈta aˈβjerta aˈora?]
At what time does it open?	**¿A qué hora abre?** [a ke ˈora ˈaβre?]
At what time does it close?	**¿A qué hora cierra?** [a ke ˈora ˈθjera?]
Is it far?	**¿Está lejos?** [esˈta ˈlexos?]
Can I get there on foot?	**¿Puedo llegar a pie?** [puˈeðo jeˈɣar a pje?]
Can you show me on the map?	**¿Puede mostrarme en el mapa?** [puˈeðe mosˈtrarme en elʲ ˈmapa?]
Please give me something for ...	**Por favor, deme algo para ...** [por faˈβor, ˈdeme ˈalʲɣo ˈpara ...]
a headache	**un dolor de cabeza** [un doˈlor de kaˈβeθa]
a cough	**la tos** [lʲa tos]
a cold	**el resfriado** [elʲ resfriˈaðo]
the flu	**la gripe** [lʲa ˈgripe]
a fever	**la fiebre** [lʲa ˈfjeβre]
a stomach ache	**un dolor de estomago** [un doˈlor de esˈtomaɣo]
nausea	**nauseas** [nauˈseas]
diarrhea	**la diarrea** [lʲa djaˈrea]
constipation	**el estreñimiento** [elʲ estrenjiˈmjento]

pain in the back	**un dolor de espalda** [un do'lor de es'palʲda]
chest pain	**un dolor de pecho** [un do'lor de 'petʃo]
side stitch	**el flato** [elʲ 'flato]
abdominal pain	**un dolor abdominal** [un do'lor aβðomi'nalʲ]
pill	**la píldora** [lʲa 'pilʲðora]
ointment, cream	**la crema** [lʲa 'krema]
syrup	**el jarabe** [elʲ χa'raβe]
spray	**el spray** [elʲ spraj]
drops	**las gotas** [lʲas 'gotas]
You need to go to the hospital.	**Tiene que ir al hospital.** [tjene ke ir alʲ ospi'talʲ]
health insurance	**el seguro de salud** [se'ɣuro de sa'lʲuð]
prescription	**la receta** [re'θeta]
insect repellant	**el repelente de insectos** [el repe'lente de in'sektos]
Band Aid	**la curita** [lʲa ku'rita]

The bare minimum

Excuse me, ...	**Perdone, ...** [per'ðone, ...]
Hello.	**Hola.** [ola]
Thank you.	**Gracias.** [graθjas]
Good bye.	**Adiós.** [a'ðjos]
Yes.	**Sí.** [si]
No.	**No.** [no]
I don't know.	**No lo sé.** [no lo 'se]
Where? | Where to? | When?	**¿Dónde? | ¿A dónde? | ¿Cuándo?** [donde? | a 'donde? | ku'ando?]
I need ...	**Necesito ...** [neθe'sito ...]
I want ...	**Quiero ...** [kjero ...]
Do you have ...?	**¿Tiene ...?** [tjene ...?]
Is there a ... here?	**¿Hay ... por aquí?** [aj ... por a'ki?]
May I ...?	**¿Puedo ...?** [pu'eðo ...?]
..., please (polite request)	**..., por favor** [..., por fa'βor]
I'm looking for ...	**Busco ...** [busko ...]
the restroom	**el servicio** [elʲ ser'βiθjo]
an ATM	**un cajero** [un ka'xero]
a pharmacy (drugstore)	**una farmacia** [una far'maθja]
a hospital	**el hospital** [elʲ ospi'talʲ]
the police station	**la comisaría** [lʲa komisa'ria]
the subway	**el metro** [elʲ 'metro]

a taxi	**un taxi** [un 'taksi]
the train station	**la estación de tren** [lʲa esta'θjon de tren]
My name is ...	**Me llamo ...** [me 'jamo ...]
What's your name?	**¿Cómo se llama?** [komo se 'jama?]
Could you please help me?	**¿Puede ayudarme, por favor?** [pu'eðe aju'ðarme, por fa'βor?]
I've got a problem.	**Tengo un problema.** [tengo un pro'βlema]
I don't feel well.	**Me encuentro mal.** [me eŋku'entro malʲ]
Call an ambulance!	**¡Llame a la ambulancia!** [jame a la ambu'lanθja!]
May I make a call?	**¿Puedo llamar, por favor?** [pu'eðo ja'mar, por fa'βor?]
I'm sorry.	**Lo siento.** [lo 'sjento]
You're welcome.	**De nada.** [ðe 'naða]
I, me	**Yo** [jo]
you (inform.)	**tú** [tu]
he	**él** [elʲ]
she	**ella** [eja]
they (masc.)	**ellos** [ejos]
they (fem.)	**ellas** [ejas]
we	**nosotros** [no'sotros]
you (pl)	**ustedes | vosotros** [us'teðes | bo'sotros]
you (sg, form.)	**usted** [us'teð]
ENTRANCE	**ENTRADA** [en'traða]
EXIT	**SALIDA** [sa'liða]
OUT OF ORDER	**FUERA DE SERVICIO** [fu'era de ser'βiθjo]
CLOSED	**CERRADO** [θe'raðo]

OPEN	**ABIERTO** [a'βjerto]
FOR WOMEN	**PARA SEÑORAS** [para se'njoras]
FOR MEN	**PARA CABALLEROS** [para kaβa'jeros]

MINI DICTIONARY

This section contains 250 useful words required for everyday communication. You will find the names of months and days of the week here. The dictionary also contains topics such as colors, measurements, family, and more

T&P Books Publishing

DICTIONARY CONTENTS

1. Time. Calendar	75
2. Numbers. Numerals	76
3. Humans. Family	77
4. Human body	78
5. Clothing. Personal accessories	79
6. House. Apartment	80

T&P Books Publishing

1. Time. Calendar

time	**tiempo** (m)	['tjempo]
hour	**hora** (f)	['ora]
half an hour	**media hora** (f)	['meðja 'ora]
minute	**minuto** (m)	[mi'nuto]
second	**segundo** (m)	[se'ɣundo]
today (adv)	**hoy** (adv)	[oj]
tomorrow (adv)	**mañana** (adv)	[ma'njana]
yesterday (adv)	**ayer** (adv)	[a'jer]
Monday	**lunes** (m)	['ʎunes]
Tuesday	**martes** (m)	['martes]
Wednesday	**miércoles** (m)	['mjerkoles]
Thursday	**jueves** (m)	[χu'eβes]
Friday	**viernes** (m)	['bjernes]
Saturday	**sábado** (m)	['saβaðo]
Sunday	**domingo** (m)	[do'mingo]
day	**día** (m)	['dia]
working day	**día** (m) **de trabajo**	['dia de tra'βaχo]
public holiday	**día** (m) **de fiesta**	['dia de 'fjesta]
weekend	**fin** (m) **de semana**	['fin de se'mana]
week	**semana** (f)	[se'mana]
last week (adv)	**semana** (f) **pasada**	[se'mana pa'saða]
next week (adv)	**semana** (f) **que viene**	[se'mana ke 'bjene]
in the morning	**por la mañana**	[por ʎa ma'njana]
in the afternoon	**por la tarde**	[por ʎa 'tarðe]
in the evening	**por la noche**	[por ʎa 'notʃe]
tonight (this evening)	**esta noche**	['esta 'notʃe]
at night	**por la noche**	[por ʎa 'notʃe]
midnight	**medianoche** (f)	['meðja'notʃe]
January	**enero** (m)	[e'nero]
February	**febrero** (m)	[fe'βrero]
March	**marzo** (m)	['marθo]
April	**abril** (m)	[a'βriʎ]
May	**mayo** (m)	['majo]
June	**junio** (m)	['χunjo]
July	**julio** (m)	['χuljo]
August	**agosto** (m)	[a'ɣosto]

September	**septiembre** (m)	[sep'tjembre]
October	**octubre** (m)	[ok'tuβre]
November	**noviembre** (m)	[no'βjembre]
December	**diciembre** (m)	[di'θjembre]
in spring	**en primavera**	[en prima'βera]
in summer	**en verano**	[em be'rano]
in fall	**en otoño**	[en o'tonjo]
in winter	**en invierno**	[en im'bjerno]
month	**mes** (m)	[mes]
season (summer, etc.)	**estación** (f)	[esta'θjon]
year	**año** (m)	['anjo]

2. Numbers. Numerals

0 zero	**cero**	['θero]
1 one	**uno**	['uno]
2 two	**dos**	[dos]
3 three	**tres**	[tres]
4 four	**cuatro**	[ku'atro]
5 five	**cinco**	['θiŋko]
6 six	**seis**	['sejs]
7 seven	**siete**	['sjete]
8 eight	**ocho**	['otʃo]
9 nine	**nueve**	[nu'eβe]
10 ten	**diez**	[djeθ]
11 eleven	**once**	['onθe]
12 twelve	**doce**	['doθe]
13 thirteen	**trece**	['treθe]
14 fourteen	**catorce**	[ka'torθe]
15 fifteen	**quince**	['kinθe]
16 sixteen	**dieciséis**	['djeθi·s'ejs]
17 seventeen	**diecisiete**	['djeθi·'sjete]
18 eighteen	**dieciocho**	['djeθi·'otʃo]
19 nineteen	**diecinueve**	['djeθi·nu'eβe]
20 twenty	**veinte**	['bejnte]
30 thirty	**treinta**	['trejnta]
40 forty	**cuarenta**	[kua'renta]
50 fifty	**cincuenta**	[θiŋku'enta]
60 sixty	**sesenta**	[se'senta]
70 seventy	**setenta**	[se'tenta]
80 eighty	**ochenta**	[o'tʃenta]
90 ninety	**noventa**	[no'βenta]
100 one hundred	**cien**	[θjen]

200 two hundred	**doscientos**	[doθ·'θjentos]
300 three hundred	**trescientos**	[treθ·'θjentos]
400 four hundred	**cuatrocientos**	[ku'atro·'θjentos]
500 five hundred	**quinientos**	[ki'njentos]
600 six hundred	**seiscientos**	[sejs·'θjentos]
700 seven hundred	**setecientos**	[θete·'θjentos]
800 eight hundred	**ochocientos**	[otʃo·'θjentos]
900 nine hundred	**novecientos**	[noβe·'θjentos]
1000 one thousand	**mil**	[milʲ]
10000 ten thousand	**diez mil**	['djeθ 'milʲ]
one hundred thousand	**cien mil**	['θjen 'milʲ]
million	**millón** (m)	[mi'jon]
billion	**mil millones**	[milʲ mi'jones]

3. Humans. Family

man (adult male)	**hombre** (m)	['ombre]
young man	**joven** (m)	['χoβen]
woman	**mujer** (f)	[mu'χer]
girl (young woman)	**muchacha** (f)	[mu'tʃatʃa]
old man	**anciano** (m)	[an'θjano]
old woman	**anciana** (f)	[an'θjana]
mother	**madre** (f)	['maðre]
father	**padre** (m)	['paðre]
son	**hijo** (m)	['iχo]
daughter	**hija** (f)	['iχa]
brother	**hermano** (m)	[er'mano]
sister	**hermana** (f)	[er'mana]
parents	**padres** (m pl)	['paðres]
child	**niño** (m), **niña** (f)	['ninjo], ['ninja]
children	**niños** (m pl)	['ninjos]
stepmother	**madrastra** (f)	[ma'ðrastra]
stepfather	**padrastro** (m)	[pa'ðrastro]
grandmother	**abuela** (f)	[aβu'elʲa]
grandfather	**abuelo** (m)	[aβu'elo]
grandson	**nieto** (m)	['njeto]
granddaughter	**nieta** (f)	['njeta]
grandchildren	**nietos** (m pl)	['njetos]
uncle	**tío** (m)	['tio]
aunt	**tía** (f)	['tia]
nephew	**sobrino** (m)	[so'βrino]
niece	**sobrina** (f)	[so'βrina]
wife	**mujer** (f)	[mu'χer]

husband	marido (m)	[ma'riðo]
married (masc.)	casado (adj)	[ka'saðo]
married (fem.)	casada (adj)	[ka'saða]
widow	viuda (f)	['bjuða]
widower	viudo (m)	['bjuðo]

| name (first name) | nombre (m) | ['nombre] |
| surname (last name) | apellido (m) | [ape'ʝiðo] |

relative	pariente (m)	[pa'rjente]
friend (masc.)	amigo (m)	[a'miɣo]
friendship	amistad (f)	[amis'tað]

partner	compañero (m)	[kompa'njero]
superior (n)	superior (m)	[supe'rjor]
colleague	colega (m, f)	[ko'leɣa]
neighbors	vecinos (m pl)	[be'θinos]

4. Human body

body	cuerpo (m)	[ku'erpo]
heart	corazón (m)	[kora'θon]
blood	sangre (f)	['sangre]
brain	cerebro (m)	[θe're βro]

bone	hueso (m)	[u'eso]
spine (backbone)	columna (f) vertebral	[ko'lʲumna berte'βralʲ]
rib	costilla (f)	[kos'tija]
lungs	pulmones (m pl)	[pulʲ'mones]
skin	piel (f)	[pjelʲ]

head	cabeza (f)	[ka'βeθa]
face	cara (f)	['kara]
nose	nariz (f)	[na'riθ]
forehead	frente (f)	['frente]
cheek	mejilla (f)	[me'χija]

mouth	boca (f)	['boka]
tongue	lengua (f)	['lengua]
tooth	diente (m)	['djente]
lips	labios (m pl)	['lʲaβjos]
chin	mentón (m)	[men'ton]

ear	oreja (f)	[o'reχa]
neck	cuello (m)	[ku'ejo]
eye	ojo (m)	['oχo]
pupil	pupila (f)	[pu'pilʲa]
eyebrow	ceja (f)	['θeχa]
eyelash	pestaña (f)	[pes'tanja]
hair	pelo, cabello (m)	['pelo], [ka'βejo]

hairstyle	peinado (m)	[pejˈnaðo]
mustache	bigote (m)	[biˈɣote]
beard	barba (f)	[ˈbarβa]
to have (a beard, etc.)	tener (vt)	[teˈner]
bald (adj)	calvo (adj)	[ˈkalʲβo]

hand	mano (f)	[ˈmano]
arm	brazo (m)	[ˈbraθo]
finger	dedo (m)	[ˈdeðo]
nail	uña (f)	[ˈunja]
palm	palma (f)	[ˈpalʲma]

shoulder	hombro (m)	[ˈombro]
leg	pierna (f)	[ˈpjerna]
knee	rodilla (f)	[roˈðija]
heel	talón (m)	[taˈlon]
back	espalda (f)	[esˈpalʲða]

5. Clothing. Personal accessories

clothes	ropa (f), vestido (m)	[ˈropa], [besˈtiðo]
coat (overcoat)	abrigo (m)	[aˈβriɣo]
fur coat	abrigo (m) de piel	[aˈβriɣo de pjelʲ]
jacket (e.g., leather ~)	cazadora (f)	[kaθaˈðora]
raincoat (trenchcoat, etc.)	impermeable (m)	[impermeˈaβle]

shirt (button shirt)	camisa (f)	[kaˈmisa]
pants	pantalones (m pl)	[pantaˈlones]
suit jacket	chaqueta (f), saco (m)	[tʃaˈketa], [ˈsako]
suit	traje (m)	[ˈtraxe]

dress (frock)	vestido (m)	[besˈtiðo]
skirt	falda (f)	[ˈfalʲða]
T-shirt	camiseta (f)	[kamiˈseta]
bathrobe	bata (f) de baño	[ˈbata de ˈbanjo]
pajamas	pijama (f)	[piˈxama]
workwear	ropa (f) de trabajo	[ˈropa de traˈβaxo]

underwear	ropa (f) interior	[ˈropa inteˈrjor]
socks	calcetines (m pl)	[kalʲθeˈtines]
bra	sostén (m)	[sosˈten]
pantyhose	pantimedias (f pl)	[pantiˈmeðjas]
stockings (thigh highs)	medias (f pl)	[ˈmeðjas]
bathing suit	traje (m) de baño	[ˈtraxe de ˈbanjo]

hat	gorro (m)	[ˈgoro]
footwear	calzado (m)	[kalʲˈθaðo]
boots (e.g., cowboy ~)	botas (f pl)	[ˈbotas]
heel	tacón (m)	[taˈkon]
shoestring	cordón (m)	[korˈðon]

shoe polish	**betún** (m)	[be'tun]
gloves	**guantes** (m pl)	[gu'antes]
mittens	**manoplas** (f pl)	[ma'noplias]
scarf (muffler)	**bufanda** (f)	[bu'fanda]
glasses (eyeglasses)	**gafas** (f pl)	['gafas]
umbrella	**paraguas** (m)	[pa'raɣuas]
tie (necktie)	**corbata** (f)	[kor'βata]
handkerchief	**moquero** (m)	[mo'kero]
comb	**peine** (m)	['pejne]
hairbrush	**cepillo** (m) **de pelo**	[θe'piʝo de 'pelo]
buckle	**hebilla** (f)	[e'βija]
belt	**cinturón** (m)	[θintu'ron]
purse	**bolso** (m)	['bolʲso]

6. House. Apartment

apartment	**apartamento** (m)	[aparta'mento]
room	**habitación** (f)	[aβita'θjon]
bedroom	**dormitorio** (m)	[dormi'torjo]
dining room	**comedor** (m)	[kome'ðor]
living room	**salón** (m)	[sa'lon]
study (home office)	**despacho** (m)	[des'patʃo]
entry room	**antecámara** (f)	[ante'kamara]
bathroom (room with a bath or shower)	**cuarto** (m) **de baño**	[ku'arto de 'banjo]
half bath	**servicio** (m)	[ser'βiθjo]
vacuum cleaner	**aspirador** (m)	[aspira'ðor]
mop	**fregona** (f)	[fre'ɣona]
dust cloth	**trapo** (m)	['trapo]
short broom	**escoba** (f)	[es'koβa]
dustpan	**cogedor** (m)	[koχe'ðor]
furniture	**muebles** (m pl)	[mu'eβles]
table	**mesa** (f)	['mesa]
chair	**silla** (f)	['sija]
armchair	**sillón** (m)	[si'jon]
mirror	**espejo** (m)	[es'peχo]
carpet	**tapiz** (m)	[ta'piθ]
fireplace	**chimenea** (f)	[tʃime'nea]
drapes	**cortinas** (f pl)	[kor'tinas]
table lamp	**lámpara** (f) **de mesa**	['lʲampara de 'mesa]
chandelier	**lámpara** (f) **de araña**	['lʲampara de a'ranja]
kitchen	**cocina** (f)	[ko'θina]
gas stove (range)	**cocina** (f) **de gas**	[ko'θina de 'gas]

electric stove	**cocina** (f) **eléctrica**	[ko'θina e'lektrika]
microwave oven	**horno** (m) **microondas**	['orno mikro·'ondas]
refrigerator	**frigorífico** (m)	[friɣo'rifiko]
freezer	**congelador** (m)	[konχelʲa'ðor]
dishwasher	**lavavajillas** (m)	['lʲaβa·βa'χijas]
faucet	**grifo** (m)	['grifo]
meat grinder	**picadora** (f) **de carne**	[pika'ðora de 'karne]
juicer	**exprimidor** (m)	[eksprimi'ðor]
toaster	**tostador** (m)	[tosta'ðor]
mixer	**batidora** (f)	[bati'ðora]
coffee machine	**cafetera** (f)	[kafe'tera]
kettle	**hervidor** (m) **de agua**	[erβi'ðor de 'aɣua]
teapot	**tetera** (f)	[te'tera]
TV set	**televisor** (m)	[teleβi'sor]
VCR (video recorder)	**vídeo** (m)	['biðeo]
iron (e.g., steam ~)	**plancha** (f)	['plʲantʃa]
telephone	**teléfono** (m)	[te'lefono]

www.ingramcontent.com/pod-product-compliance
Lightning Source LLC
Chambersburg PA
CBHW071506070426
42452CB00041B/2329

Travel phrasebooks collection
«Everything Will Be Okay!»

T&P Books Publishing

PHRASEBOOK
— SWEDISH —

By Andrey Taranov

THE MOST IMPORTANT PHRASES

This phrasebook contains
the most important
phrases and questions
for basic communication
Everything you need
to survive overseas

English-Swedish phrasebook & mini dictionary

By Andrey Taranov

The collection of "Everything Will Be Okay" travel phrasebooks published by T&P Books is designed for people traveling abroad for tourism and business. The phrasebooks contain what matters most - the essentials for basic communication. This is an indispensable set of phrases to "survive" while abroad.

You'll also find a mini dictionary with 250 useful words required for everyday communication - the names of months and days of the week, measurements, family members, and more.

Copyright © 2016 T&P Books Publishing

All rights reserved. No part of this book may be reproduced or utilized in any form or by any means, electronic or mechanical, including photocopying, recording or by information storage and retrieval system, without permission in writing from the publishers.

T&P Books Publishing
www.tpbooks.com

ISBN: 978-1-78492-409-6

This book is also available in E-book formats.
Please visit www.tpbooks.com or the major online bookstores.